El Millonario Del Interés Compuesto:

Hackee Sus Ahorros Para Crear Un Flujo Constante De Ingreso Pasivo

Por

Joe Correa

Derechos de Autor

Reconocimientos

Este libro no podría haber sido escrito sin el soporte y motivación de mi familia. Ojalá que todas las personas del mundo que quieren un mejor futuro financiero para ellos y sus familias, encuentren esta herramienta útil y práctica para alcanzar ese objetivo.

El Millonario Del Interés Compuesto:

Hackee Sus Ahorros Para Crear Un Flujo Constante De Ingreso Pasivo

Por

Joe Correa

Acerca del Autor

Por muchos años, he ayudado a personas a financiar sus casas o reducir sus pagos. He trabajado para muchos bancos, prestamistas y una firma de inversión. Empecé como un profesor de matemática en la universidad comunal de Miami-Dade enseñando todos los temas que se me pedían a los 23 años, lo que era un poco incómodo para muchos de mis estudiantes ya que la mayoría era de mi edad o mayor, pero mi habilidad para enseñar a otros y dominar las matemáticas me ayudó a hacer fáciles aquellos temas difíciles de entender. Es por ello que mis clases se volvieron más y más grandes. Se me acercó el Banco Unión Planters, que es ahora Regions Bank, para trabajar con ellos como representante de ventas financieras en una de sus sucursales. Esta fue una etapa de aprendizaje importante para mí, que me ayudó a aprender sobre la importancia de ayudar a otros. Diariamente, completaba líneas de crédito de hogares y préstamos de equidad, y muchas otras tareas. Disfruté especialmente el cerrar préstamos hipotecarios, asique obtuve mi licencia de hipotecas y fui a trabajar a una compañía especializada. Un año después, empecé mi propio negocio de hipotecas y pasé prontamente hacia prestamista. Fui capaz de ayudar a cientos de personas a comprar una casa, refinanciar a pagos más bajos, y mejorar sus vidas financieras. Cuando la economía se ralentizó y los bancos dejaron de prestar dinero, decidí enfocarme en ayudar a los inversionistas al convertirme en un tutor de inversiones. Obtuve mi licencia serie 67 y empecé mi propio negocio de tutorías. La mayoría de los inversores habían perdido la confianza en la economía y no querían reinvertir, asique decidí ayudar al enseñarles a través de mis libros.

Introducción

El Millonario Del Interés Compuesto: Hackee Sus Ahorros Para Crear Un Flujo Constante De Ingreso Pasivo

Por Joe Correa

El millonario del interés compuesto es una persona que cobra interés cada mes en vez de pagar interés al banco o alguien más. Esta persona tiene tiempo de disfrutar las cosas buenas de la vida en vez de trabajar en un empleo de 9 a 5 que no disfruta. El millonario del interés compuesto no tiene habilidades especiales o un IQ alto. La persona simplemente aprendió el secreto del interés compuesto y lo puso en buen uso.

¿Me creería si le dijera que puede volverse un millonario del interés compuesto? Todo lo que necesita es: un ingreso mensual para ahorrar cada mes, interés compuesto para hacer que esos ahorros crezcan, y el conocimiento de cómo reorganizar sus finanzas. Este libro le dará ese conocimiento y le mostrará cada paso del camino.

¿Qué es el interés compuesto? El interés compuesto es el interés que recibe del dinero que tiene depositado en un banco, que puede recibirse mensualmente. También es conocido como "Interés sobre interés". La mayoría de los bancos ofrecen cuentas de ahorro que combinan interés mensualmente, lo cual es una de las mejores formas de acumular dinero con el paso del tiempo. Imagine si pudiese recibir un ingreso adicional cada mes en la forma de interés pagado por el banco.

¿Cómo es posible?

Digamos que luego de deducir todos sus gastos de su ingreso actual (salario o ganancias de negocio), usted puede ahorrar $2,000 cada mes y deposita este dinero en una cuenta de ahorros con interés, que gana un 1% anual, lo que sería su tasa de retorno anual al tomar en cuenta el efecto del interés compuesto. Luego de 30 años, tendrá $839,256.

Si fuese capaz de incrementar la cantidad que ahorra por mes a $2,500, tendría $1,049,071 luego de 30 años. Al incrementar por $500 su capacidad de ahorro mensual, usted será capaz de ahorrar un total de $1,049,071.

Así es como su dinero se acumulará a lo largo de 30 años cuando ahorra $2,500 cada mes y obtiene una tasa de interés de 1%. Ganaría más de $800 por mes, simplemente en interés. Si recibe una tasa más grande, será capaz de ahorrar incluso más e incrementar su ingreso pasivo.

Esta es una cantidad de dinero increíble con la que se podría retirar al hacer depósitos mensuales de $2,500 y ganar un 1% de interés que se combina mensualmente en su cuenta de ahorro. Suena demasiado bueno para ser verdad, pero ese es el poder del interés compuesto.

Este libro le enseñará cómo volverse un millonario del interés compuesto al seguir pasos simples que maximizarán el efecto combinado que puede tener en su vida financiera.

Puede ser rico sin tener que hacer nada en especial o sin ser un genio. Si es capaz de volverse rico haciendo algo más, hágalo, pero esta es una forma de hacerlo siguiendo un proceso simple que requiere poco tiempo y esfuerzo.

Lo mejor del interés compuesto es que puede recibir esta forma de ingreso mensualmente, sin tener que hacer nada luego de haber depositado sus ahorros mensuales en la cuenta de ahorro.

¿Por qué no están todos haciendo esto?

Algunas personas nunca hacen los números, asique no saben cuánto suma al final. Otros son escépticos cuando se trata de dinero. Algunos solo quieren volverse ricos por la noche, pero no es así como se hace el dinero de larga duración. Como dicen "fácil viene, fácil se va". ¿Cuántas veces ha escuchado de un cantante, actor o atleta que se vuelve rico por la noche y luego pierde todo en pocos años?

Aprender a manejar el dinero puede ser muy simple y beneficioso.

¡Asique deje de pagar interés y empiece a recibir ingresos por interés cada mes!

¿Qué está esperando? ¡Vaya y obténgalo!

Contenidos

Capítulo 1

El Millonario del Interés Compuesto

"El interés compuesto es la octava maravilla del mundo."

Albert Einstein

El millonario del interés compuesto es una persona que ya no depende de un ingreso por empleo. Esta persona sigue un plan financiero específico cada día, y se atiene a él. El millonario compuesto tiene interés ganando más interés. Esta persona tiene el interés combinándose frecuentemente, cuanto más corto el plazo, más poderosos los efectos. Estos pagos de interés que recibe el millonario, crecen continuamente cada vez. Esta persona tiene más tiempo para disfrutar de la vida y pasar con la familia.

Cualquiera puede volverse un millonario del interés compuesto si toma la decisión de cambiar su vida y reversar las tablas financieras. En vez de pagar interés cada mes, empiece a recibir pagos de interés. A lo largo del tiempo, el ingreso de interés en su cuenta creará un efecto poderoso en sus finanzas y vida en general. El interés puede ser un ingreso consistente y seguro que puede recibir mensualmente.

¿Por qué no son todos millonarios del interés compuesto?

Primero, deben pensar que es posible para tener el correcto estado de ánimo. Segundo, hay sacrificios que deben hacerse al principio, y restructurar deudas y eliminar expensas se vuelve una prioridad. Tercero, el hábito de ahorrar cada mes un monto específico debería ser automático. Cuarto, necesitarían ser consistentes con el proceso cada mes. Estas 4 razones son los motivos por los cuales la mayoría de las personas no son millonarios del interés compuesto.

Si hago estas 4 cosas, ¿me volveré un millonario del interés combinado?

Sí, hay detalles específicos que debe tener en cuenta, pero en general estas cuatro cosas le permitirán volverse un millonario del interés combinado:

1. Reducir o eliminar expensas
2. Ahorrar una cantidad específica de dinero cada mes
3. Poner ese dinero en una cuenta de ahorro que combine interés mensualmente, y no sacarla de ahí.
4. Incrementar su ingreso al empezar su negocio propio, para poder ahorrar más.

Cómo hace estas 4 cosas será la diferencia principal, ya que algunas personas ahorran muy poco, mientras otras tienen expensas muy altas.

¿El interés recibido cada mes es lo más importante al intentar volverse un millonario del interés combinado?

Si, el interés recibido cada mes es importante y ayuda a acelerar el proceso, pero el hábito general del ahorro es lo que realmente hace la mayor diferencia a lo largo del tiempo. Lo más importante es hacer depósitos mensuales constantes en su cuenta de ahorro, para que pueda combinar el interés mensualmente.

¿Cuál es la forma más rápida de incrementar mi ingreso para ahorrar más?

La forma más rápida de ganar más dinero es gastando menos. Esto incluye eliminar pagos de deudas y expensas innecesarias, y otros impuestos mensuales. Por ejemplo, si se deshace de $1,000 en expensas mensuales, podría ser equivalente a recibir $1,500 más en ingreso si es un empleado y se le deducen impuestos de su paga cada mes. Eliminar $1,000 en pagos y expensas cada mes, y depositarlo en una cuenta de ahorro con 1% de interés, se volvería un poco más de $419,628 al combinarlo mensualmente por 30 años.

¿Cómo puede algo tan simple ser tan rentable?

El interés combinado es poderoso y efectivo. Las personas que se vuelven buenas en gastar hacen un hábito del gasto, y las personas que son buenas para ahorrar, hacen un hábito del ahorro. Éste último se ha reducido enormemente en nuestra sociedad. Usando las tarjetas de crédito en vez de las de débito son comunes y se ha vuelto un problema serio en la mayoría de los hogares. Seguir la corriente no es la solución. La solución viene de usar métodos antiguos que funcionaron en el pasado y funcionan incluso mejor hoy en día. EL ahorro funciona e incrementar el ingreso por interés al usar el interés combinado, da un gran impulso a los ahorros a lo largo del tiempo.

¿Cuándo debería empezar a utilizar el interés combinado?

Tan pronto como sea posible. Cuanto antes comience, más rápido crecerán sus ahorros, lo que le permitirá recibir pagos de interés más altos, y que a su vez acelerará el proceso de ahorro. Es por eso que es tan importante abrir una cuenta de ahorro con ganancia de interés hoy (que combine mensualmente), y empezar a hacer los depósitos constantes en la cuenta, para que el interés empiece a acumularse de inmediato. Empiece cuando joven y no deje de hacer depósitos. Si es mayor, simplemente enfóquese en hacer depósitos mayores en su cuenta. La edad puede volverse irrelevante si otros factores pesan más, como: cuánto ahorra por mes, qué tasa de interés se le paga, no hacer retiros de su cuenta, mantener sus impuestos bajos (pregunte a su abogado sobre esto), etc.

¿Qué significa tener interés que se combine mensualmente?

Cuando el interés se combina mensualmente, usted recibe pagos de interés mensuales sobre el dinero que depositó originalmente, y luego recibe interés sobre ese interés y el dinero original. Es por ello que el interés combinado es referido como "interés sobre interés" comúnmente.

Cuando el interés se combina anualmente, usted obtendrá interés anual, basado en el dinero depositado. Los pagos mensuales son siempre mejores que los anuales.

Cuando el interés se combina diariamente, obtendrá interés por día, asique será capaz de obtener interés sobre interés diariamente. Esta forma es mejor, ya que recibirá más dinero al final de su plan de ahorro. Hay bancos que incluso ofrecen cuentas que combinan interés diariamente. Busque en línea para ver cuáles son y qué ofrecen.

¿Cuál es la diferencia entre la tasa porcentual anual y rendimiento porcentual anual?

Hay una diferencia muy grande entre estos dos. En una usted paga interés y en la otra usted recibe pagos de interés.

Una tasa de interés anual, o APR como comúnmente se la conoce, es la tasa de interés anual que paga en dinero prestado. No toma en cuenta el interés combinado, pero si hace el pago mínimo en una tarjeta de crédito, terminará llevando el interés al siguiente mes, lo que sí se volverá interés combinado ya que empezará a pagar interés sobre el interés adeudado. Esta es la tasa que paga normalmente cuando obtiene la mayoría de los tipos de préstamos. Ejemplos comunes de préstamos son: préstamos para casas, para autos, tarjetas de crédito, préstamos personales, préstamos estudiantiles, etc.

Un rendimiento porcentual anual, o APY como es comúnmente conocido, es la tasa anual efectiva de retorno que usted cobra cuando toma en cuenta el efecto sorprendente del interés combinado. Esta es la tasa que se cotiza cuando deposita dinero en una cuenta de ahorro, o la mayoría de las cuentas que ganan interés de los bancos.

Hay una gran diferencia entre pagar interés de préstamos (APR) contra ganar interés de ahorros (APY), especialmente cuando la segunda puede combinarse mensualmente a su favor. No conocer la diferencia puede ser un problema, pero para no preocuparse, iremos sobre los pasos que puede tomar para corregir esto.

Su objetivo es cambiar de pagar APR (en un préstamo) a ganar APY (en ahorros). Es por ello que pagar sus deudas y ahorrar más dinero es tan importante para su futuro. Es la diferencia entre ser pobre y tener deudas, o rico y próspero.

APR = malo

APY = bueno

¡Es así de simple!

Revise su situación actual y vea en qué categoría está. ¿Se encuentra en la categoría APR o APY? ¿Debe mucho dinero o tiene dinero ahorrado?

¿Qué tan seguido se combina el interés?

El interés puede combinarse diariamente (365 veces al año), mensualmente (12 veces al año), trimestralmente (4 veces al año), semi-anualmente (2 veces por año), o anualmente (1 vez por año). Algunos bancos ofrecen interés combinado diario, que lo beneficiaría incluso más que anualmente. La mayoría ofrece una tasa mensual de interés combinado, lo que significa que cobra interés mensualmente, para que se pueda combinar una y otra vez cada mes. Esto es llamado "interés sobre interés".

¿Es mejor cobrar interés diariamente o anualmente?

Cuanto antes cobre, mejor. Cuando usted vaya a su banco, pregunte si sus cuentas combinan interés mensualmente o diariamente. Si dicen que pagan semi-anual o anualmente, vaya a otro banco. Si paga mensual o diariamente, está bien. Algunos bancos en línea ofrecen las mejores tasas e incluso ofrecen cuentas de ahorro con combinación de interés diaria. Asegúrese de que sean depósitos asegurados federalmente. También compare tasas de interés en cuentas de ahorro, ya que algunos bancos pagan poco y nada, mientras otros pagan más. Haga del interés compuesto uno de sus mejores amigos de ahora en más. Recuerde, cuanto antes el interés se combine, más rápido sus ahorros crecerán. La combinación mensual de interés es la más común ofrecida por los bancos.

¿Debería abrir una cuenta de ahorro para mis hijos?

Esta es una de las mejores cosas que puede hacer por sus hijos, especialmente si empieza a hacer depósitos en esa cuenta cuando son jóvenes. Cuanto más joven, mejor. Combinar interés por más años puede solamente beneficiarlo. Incluso si hace depósitos muy pequeños mensualmente, el interés se combinará, y cuando llegue el tiempo, tendrán suficiente ahorrado para comprar una casa, empezar un negocio, ir a la universidad, o continuar combinando interés. Nuevamente, asegúrese de buscar en diferentes bancos para las mejores tasas, ya que encontrará algunas que pueden ofrecer tasas muy altas.

Las transferencias automáticas, ¿son una buena o mala idea?

Usualmente me sorprendo al ver cuántas personas aceptan tener sus facturas mensuales debitadas de sus cuentas automáticamente cada mes, en vez de hacer depósitos en la cuenta de ahorro. Cuando considere tener o no su dinero transferido de su cuenta para pagar factoras o a su cuenta de ahorro, asegúrese de darle prioridad de transferencia a su cuenta de ahorro y luego a sus facturas. Ha sido una regla de manejo de dinero por muchos años: "siempre páguese a usted mismo primero". Si no encuentra una forma de pagarse a usted mismo primero, terminará sin nada para depositar en su cuenta de ahorro.

Recuerde que APY tiene prioridad sobre APR: Debería ganar dinero en interés primero, y para hacer esto, debe ahorrar.

¿Qué es más valioso, tiempo o dinero?

Ambos son importantes, pero el tiempo es más valioso porque puede quedarse sin él. Nadie imprime más tiempo y no puede comprar más tiempo, sin importar cuánto dinero tenga. El ingreso por interés es considerado una forma de ingreso pasivo, porque no debe trabajar para obtenerlo. Al no tener que trabajar para ese ingreso, usted liberará tiempo. Este tiempo libre puede ser usado para hacer y disfrutar otras cosas. Considere qué tan valioso puede ser esto.

RESUMEN DEL CAPÍTULO

Entender el interés combinado puede ser difícil al principio, pero una vez que empieza a ganarlo, verá lo que significa recibir interés sobre interés cada mes. No importa si puede hacer depósitos pequeños o grandes. Todo lo que importa es que empiece y se mantenga. Asegúrese de investigar para asegurarse de que su cuenta combina interés mensualmente, o incluso diariamente. Nunca haga pagos de interés, siempre planifique recibir pagos de interés a utilizar su cuenta de ahorro para combinar el interés y cobrar cada mes. Considere abrir una cuenta de ahorro para sus hijos si los tiene y desea empezar pronto.

Capítulo 2

Formas de Ingreso Pasivo y Su Grado de Riesgo

"Hacemos un interés compuesto en todo el capital del conocimiento y la virtud que se ha acumulado desde el amanecer del tiempo."

Arthur Conan Doyle

Ganar un ingreso pasivo debería ser su fin último. El ingreso pasivo es ingreso que recibe trabaje o no. La mayoría de las personas trabajan duro para ahorrar y acumular cosas, pero si esas cosas no pueden generar un ingreso pasivo, entonces tendrá que continuar trabajando para generarlo. Crear un ingreso pasivo es más fácil dicho que hecho, per un poco de esfuerzo y planeamiento puede iniciarlo en el camino correcto. Hay formas simples pero efectivas de ingreso pasivo que puede empezar a recibir, pero es importante entender qué son y qué requieren. Veamos algunas de las formas más comunes de ingreso pasivo que están disponibles para personas que buscan crear un nuevo flujo de ingreso pasivo.

1. INGRESO POR INTERÉS DE UNA CUENTA DE AHORRO

Cuando tiene una cuenta de ahorro, su dinero está disponible inmediatamente, y la mayoría del tiempo no debe mantener un depósito mínimo.

Si el interés ganado se combina mensualmente, usted estará en el camino correcto y debería ser la única forma en la que realiza un depósito. Siempre tome ventaja de tasas de interés más altas que se ofrecen. Algunos bancos en línea tienen las mejores tasas, asique eso podría ser algo que quiera investigar. Algunos bancos requieren depósitos mínimos, mientras otros no. Algunos requieren que tenga un depósito directo cada mes, mientras que otros no. Busque una cuenta de ahorro que tenga una tasa de interés alta, combine mensualmente, y tenga pocos requerimientos y restricciones. Esto mantendrá las cosas simples y le ayudará a lograr su fin de crear ingreso pasivo. Debería ver un pago de interés depositado en su cuenta cada mes. Usted hizo poco y nada de trabajo por ese dinero, y esa es la magia del ingreso pasivo. Si tiene dinero en una cuenta que no genera interés u otro lugar, se perderá el ingreso pasivo que podría tener mensualmente. La mayoría de las cuentas de ahorro están asegurados federalmente, pero siempre asegúrese que esto aplique a su banco también.

2. INGRESO DE INTERÉS DE UN CERTIFICADO DE DEPÓSITO

En los certificados de depósito, su dinero no estará disponible hasta el término finalice, a menos que pague impuestos o expensas. Asegúrese de que su depósito esté asegurado fiscalmente. Los certificados de depósito (CD, como en generalmente se los llama), no combinan interés mensualmente, ya que usted cobra el interés cuando el certificado expira, lo que podría ser en 3, 4, 6 meses o 1, 3 o incluso 5 años. Es un ingreso pasivo ya que no tiene que trabajar para ese dinero, pero tendrá que esperar para recibir su interés y el depósito original. Siempre asegúrese de ir al banco cuando el certificado expire, ya que algunos bancos renuevan automáticamente el mismo luego de un tiempo. Corrobore con su representante en el banco, ya que cada uno ofrece productos diferentes.

3. INGRESO DE INTERÉS DE UNA CUENTA DE DINERO DE MERCADO

En las cuentas de dinero de mercado, sus fondos están disponibles inmediatamente, pero usualmente requerirán que la cuenta sea abierta y mantenida con un monto mínimo para prevenir cargos e impuestos. Así mismo, la mayoría de estas cuentas tiene restricciones sobre cuántos depósitos y retiros se pueden hacer cada mes. El aspecto beneficial de estas cuentas es que la tasa de interés es normalmente más alta que una cuenta de ahorro o certificado de depósito, lo que significa que tendrá pagos de interés más altos. Cuando tiene pagos más altos, su ingreso pasivo es también más alto, y su capacidad de combinar interés será mayor. La mayoría de las cuentas de dinero de mercado están protegidas fiscalmente, pero siempre corrobore con su banco o investigue en línea para revisar los requerimientos. También, asegúrese de que el interés sea combinado mensualmente o diariamente, lo cual es común en este tipo de cuentas.

4.   INTERÉS DE UNA ANUALIDAD

Las tasas de interés son generalmente más altas, pero los fondos no están disponibles sin penalidad hasta una edad específica, y debe iniciar a una edad específica también. El riesgo de no cobrar es también más alto que las 3 opciones anteriores. Este producto no está protegido fiscalmente. Corrobore con su planificador financiero o representante del banco para más detalles.

5.   INGRESO POR RENTA DE BIENES RAICES

El ingreso por renta de bienes raíces es una gran forma de recibir ingreso pasivo. Esta forma de ingreso requiere que mantenga la propiedad en buenas condiciones para sus inquilinos. Esto significa, si la nevera deja de funcionar en una de sus propiedades, deberá repararla o llamar a alguien para que lo haga, y pagar por el servicio. También tendrá expensas adicionales para cubrir como: seguro, impuestos, cortar el césped, agua y electricidad (si no los paga el inquilino). Cuando renta una propiedad, usted es considerado un dueño. En un sentido, el ingreso que obtiene mensualmente en la forma de pagos de renta, puede ser combinado mensualmente si lo reinvierte en otra propiedad para rentar, pero eso requeriría que reciba cantidades substanciales para comprar más bienes raíces. Luego de todas las expensas, el ingreso que queda usualmente es su ingreso pasivo. Esta puede ser una gran forma de ingreso pasivo si es capaz de eliminar la mayoría de las expensas y no debe reparar cosas constantemente. Algunas personas compran una propiedad para rentar y lo hacen hasta que la hipoteca se ha pagado, y luego son dueños de ella sin deuda. En ese punto, empiezan a recibir un flujo positivo de la renta, lo que básicamente significa que están obteniendo dinero luego de pagar todas las expensas.

Nunca compre una propiedad para rentar en la que tenga flujo de dinero negativo, lo que significa una propiedad en la que tiene más expensas que ingreso, y termina tomando dinero de sus bolsillos para cubrir la diferencia negativa en el flujo de dinero.

Como beneficio adicional de tener propiedades para la renta, sus propiedades pueden subir en valor a lo largo del tiempo, lo que le permitirá tener más opciones. Tener más equidad, que es la diferencia entre lo que debe de su hipoteca y lo que vale la propiedad, puede beneficiarlo cuando aplica para un préstamo para otra propiedad. También puede beneficiarlo cuando decide vender la propiedad y obtener una ganancia.

Comprar propiedades para rentar y generar ingresos por renta requerirá un enfoque más dedicado que los últimos 4 ejemplos mencionados, pero puede volverse otra forma de ingreso pasivo para usted a lo largo del tiempo.

6.   INGRESO DE DIVIDENDOS DE ACCIONES

Cuando compra acciones de una empresa, podría recibir pagos de dividendos en la forma de efectivo, si la empresa ofrece ese beneficio cuando es dueño de partes. Algunos pagos de dividendos son mensuales, otros trimestrales y otros anuales. El precio de la acción que usted compra puede subir o bajar, y esto afectará el pago de dividendos que reciba, y también puede ser el riesgo principal de este tipo de ingreso pasivo. Para personas que reciben acciones de una empresa como forma de pago además de su salario, este puede ser un gran beneficio. Para aquellos que compran acciones solo para recibir dividendos, asegúrese de consultar con un planificador financiero o consejero de inversiones, ya que ser dueño de acciones puede tener un riesgo y recompensa significativos. Las acciones no están aseguradas fiscalmente.

7.   INGRESO POR GANANCIA DE NEGOCIOS

Ser dueño de un negocio o franquicia puede ser muy beneficioso. Esto puede significar muchas cosas. Un negocio puede darle ingreso pasivo consistente, beneficios de impuestos y flexibilidad. También puede significar que podría estar trabajando más horas y hacer apenas lo suficiente para cubrir expensas. Ser dueño de un negocio puede significar tener un alto riesgo/recompensa. Esto significa que puede ser muy exitoso o fracasar.

La gran diferencia entre este tipo de ingreso pasivo y los otros mencionados antes, es que depende enteramente de usted qué tan exitoso sea. Deberá poner más horas de trabajo los primeros años para ayudar a su compañía a crecer y empezar a ver un ingreso consistente si su compañía ha sido estructurada correctamente.

Muchas personas empiezan negocios por los beneficios de impuestos que ofrecen. Por ejemplo, cuando recibe un salario, los impuestos se reducen antes de cobrar, y luego usted usa ese dinero para pagar sus expensas. Cuando tiene su propio negocio, usted deduce las expensas primero y luego paga impuestos. La situación de cada persona es diferente, asique asegúrese de consultar con su contador antes de empezar su propio negocio.

RESUMEN

Mi forma favorita de ingreso pasivo es el interés de una cuenta ahorro o cuenta de dinero de mercado, porque ofrecen la mayor flexibilidad y liquidez (mi dinero disponible en cualquier momento). Pero la razón más importante de por qué son una gran opción es que el interés se combina mensualmente, que es como usted acumulará dinero más rápidamente a lo largo del tiempo, de forma consistente y segura. Esto le permitirá tener más tiempo libre para hacer otras cosas. Usted puede decidir qué prefiere hacer con su dinero, solo asegúrese de consultar con su planificador financiero o contador para saber qué es bueno para usted.

RESUMEN DEL CAPÍTULO

Hay muchos tipos de ingreso pasivo, y cada una tiene su grado de riesgo propio. Debe escoger cuánto riesgo quiere tomar, pero es importante saber que no necesita tomar riesgos para recibir un ingreso pasivo. El interés de una cuenta de ahorro es muy simple de obtener, y es una forma simple de crear un ingreso pasivo mensualmente. Asegúrese de considerar todas sus opciones y decida cuál es mejor para usted y el estilo de vida que quiere tener en el futuro. Tener un ingreso pasivo es una gran forma de generar ingresos, especialmente cuando es mensualmente.

Capítulo 3

Hackear su Deuda de Tarjeta de Crédito para Crear Ingreso

"Una inversión en conocimiento paga el mejor interés."

Benjamin Franklin

Si el pago de su tarjeta de crédito cada mes es de $300 y usted debe $17,000, esto significa que tiene $300 que podría ser utilizado para ahorrar y crear ingreso por interés. Si tiene una tasa de interés de 15% sobre su tarjeta de crédito, necesitaría encontrar una inversión que haga al menos 15%, para recibir los mismos $300 en ingresos. Si tuviese $17,000 en mano que pudiese usar para pagar la deuda de su tarjeta de crédito, sería una buena decisión hacerlo, ya que la mayoría de las inversiones que pagan 15% requerirán alguna forma de riesgo por su parte, pero pagar su tarjeta de crédito no tiene ningún riesgo, siempre y cuando tenga ahorros adicionales para sus expensas futuras. Los mismos $300 que no debería pagar más por mes a su tarjeta de crédito, irían ahora hacia su cuenta de ahorro que genera interés. De ahora en más usted recibirá un ingreso pasivo cada mes. Estamos reemplazando el pagar interés con un ingreso por interés. Cambiamos APR por APY, por lo que veremos crecimiento y no deuda a lo largo de los años. Veamos cuánto podríamos acumular a lo largo de 30 años usando una calculadora de interés combinado con una tasa de interés de 1% mensual.

LOS NÚMEROS DETRÁS DE TODO:

Situación Financiera Actual (SFA):

Deuda de Tarjeta de Crédito: $17,000

Pagos mensuales de tarjeta de crédito: $300

Otros gastos: $950

Cuenta de ahorros: $25,000

Ingreso mensual: $4,000

El ingreso menos el pago de tarjeta de crédito y otras expensas le dará cuánto puede ahorrar cada mes.

$4,000 - $300 - $950 = $2,750

Esto es lo que tiene disponible para empezar a obtener interés combinado: $2,750

Si ahorra $2,750 cada mes y lo deposita en una cuenta de ahorro que combine interés mensualmente, tendrá un total de $1,187,720 luego de 30 años (asumiendo que empieza con un depósito inicial de $25,000, que es usado en este ejemplo).

Veamos cómo el interés se combina cada año:

Año 1: $58,403

Año 2: $92,141

Año 3: $160,638

Año 4: $160,638

Año 5: $195,404

Año 6: $230,518

Año 7: $265,986

Año 8: $301,810

Año 9: $337,993

Año 10: $374,540

Año 11: $411,455

Año 12: $448,740

Año 30: $1,187,720

Nos saltamos los años 13 a 29 para simplificar el ejemplo, pero la clave es notar el crecimiento gradual cuando se usa el interés combinado.

Situación financiera mejorada (SFM):

Ahora pagará la deuda de su tarjeta de crédito usando sus ahorros. Ahora debería tener este ingreso disponible cada mes:

$4,000 - $950 = $3,050

Esto es lo que tiene disponible para empezar a obtener interés combinado: $3,050

Si ahorra $3,050 cada mes y lo deposita en una cuenta de ahorro que combina interés mensualmente, tendrá un total de $1,290,664 luego de 30 años (asumiendo que empieza con un depósito inicial de $8,000, que está siendo utilizado en este ejemplo luego de pagar su deuda).

Veamos cómo el interés se combina cada año:

Año 1: $44,849

Año 2: $82,067

Año 3: $119,660

Año 4: $157,630

Año 5: $195,982

Año 6: $234,719

Año 7: $273,845

Año 8: $313,365

Año 9: $353,281

Año 10: $393,598

Año 11: $434,320

Año 12: $475,452

Año 30: $1,290,664

Nos saltamos los años 13 a 29 para simplificar el ejemplo, pero la clave es notar el crecimiento gradual cuando se usa el interés combinado.

La diferencia entre pagar su tarjeta de crédito o no, luego de 30 años, es de $102,944. Hizo $102,944 más al pagar $17,000 en deudas. Esto es un retorno de 16.5% en su inversión de pago. Una decisión inteligente.

$17,000/$102,944 = 16.5%

Comparemos cuánto podría ahorrar en 30 años al usar diferentes pagos de tarjeta de crédito:

Si usted hace pagos de $250 en tarjeta de crédito cada mes, podría ahorrar un total de $104,907 en 30 años al pagar su deuda por completo y depositar la misma cantidad en una cuenta que genere interés mensualmente con una tasa de 1%.

Si hace pagos de $450 en tarjeta de crédito cada mes, podría ahorrar un total de $188,833 en 30 años al pagar su deuda por completo y depositar la misma cantidad en una cuenta que genere interés mensualmente con una tasa de 1%.

Si hace pagos de $750 en tarjeta de crédito cada mes, podría ahorrar un total de $314,721 en 30 años al pagar su deuda por completo y depositar la misma cantidad en una cuenta que genere interés mensualmente con una tasa de 1%.

Si hace pagos de $1,500 en tarjeta de crédito cada mes, podría ahorrar un total de $629,442 en 30 años al pagar su deuda por completo y depositar la misma cantidad en una cuenta que genere interés mensualmente con una tasa de 1%.

PLAN DE PAGO DE TARJETA DE CRÉDITO

Tener un plan de pago de su tarjeta de crédito es esencial. Aquí tiene algunas cosas que puede hacer para pagar su deuda más temprano:

1. Llame al banco y pida reducir su tasa de interés.
2. Llame al banco y negocie un pago menor. Esto funciona bien cuando ofrece pagarla por completo o cuando ha tenido pagos tardíos.
3. Incremente su puntaje de tarjeta de crédito para obtener una tarjeta con bajo interés, y transfiera la deuda hacia ella.
4. Haga pagos principales adicionales para reducir el balance y luego pagarla por completo.
5. Pague tarjetas de crédito que requieran los pagos mensuales más altos para liberar dinero.
6. Refinancie su casa y consolide su deuda al incluir la deuda de tarjeta de crédito en su hipoteca, teniendo así solo 1 pago por mes a una tasa de interés baja y fija.
7. Use sus ahorros para pagar toda su deuda. Solo asegúrese de tener suficiente dinero ahorrado para emergencias. En general, siempre tenga 6-12 meses de pagos de su casa en ahorros, en caso de que pierda su empleo y no tenga su fuente de ingreso actual. Estar preparado es mejor que ser tomado por sorpresa y tener que acudir a deuda adicional en vez de salir de la deuda.

RESUMEN DEL CAPÍTULO

Pagar el interés en las tarjetas de crédito es un gran problema que muchas personas tienen alrededor del mundo. La clave es eliminar este problema al pagar todas sus deudas y haciendo lo necesario para empezar a ahorrar para poder obtener un ingreso pasivo en la forma de interés combinado. Recuerde, pagar interés es malo y ganar interés es bueno. Ganar interés combinado es el fin real al intentar obtener estabilidad financiera y crecimiento. La deuda nunca es la solución, asique forme un plan y aténgase a él.

Capítulo 4

Hackear su deuda de Hipoteca para Crear Ingreso Pasivo

"Invierta en salud, invierta en amor, invierta en conocimiento y por sobre todo, invierta en interés combinado."

Desconocido

Pagar su hipoteca es un paso mayor hacia eliminar deuda e incrementar su ingreso pasivo. Pagar interés por 30 años puede reducir su capacidad de ahorro enormemente. Necesita tener un lugar donde vivir y eventualmente necesitará su propio hogar. Por esa razón, es importante planificar cómo pagará su hipoteca, para liberar dinero adicional que pueda ser ahorrado para producir un ingreso por interés que se combine mensualmente.

¿Cómo pagar su hipoteca más rápido? Hay un gran número de cosas que puede hacer para pagar su hipoteca anticipadamente. Cuánto antes dependerá de usted y su capacidad de reducir expensas y generar más ingreso. Aquí tiene un sumario de cosas que puede hacer para pagar su hipoteca anticipadamente:

1. Empiece a hacer pagos quincenales en vez de mensuales
2. Elimine el seguro por hipoteca
3. Obtenga una hipoteca a 15 años en vez de una a 30 si puede costear los pagos.
4. Reduzca otras expensas para incrementar la cantidad que puede pagar cada mes.
5. Busque seguro y obtenga todos los descuentos posibles para tener más dinero disponible para pagar su hipoteca.
6. Mejore su puntaje de tarjeta de crédito para tener tasas de interés más bajas.
7. Aplique para exenciones de impuestos a la propiedad para los que califique, y pague temprano para obtener más descuento. Esto liberará más dinero para pagar su hipoteca.
8. Alquile espacio en su casa para un ingreso adicional y use ese ingreso para pagar su hipoteca. Por ejemplo: casa de huéspedes, cuarto extra, etc.

Hacer todas estas cosas le debería permitir pagar su hipoteca más rápido que lo pensado jamás.

Si utilizamos algunos números generales, verá el efecto que estas 8 cosas pueden tener en su habilidad de eliminar su hipoteca. Si crea un plan de hipoteca similar a este, usted liberará dinero y no necesitará hacer más pagos de hipoteca. Aún tendrá que pagar por seguro e impuestos a la propiedad, pero estos no se consideran pagos de interés, que es lo que estamos intentando eliminar para poder empezar a cobrar interés cada mes.

EJEMPLO DE PAGO ACELERADO DE HIPOTECA

Situación Financiera Actual:

Hipoteca a 30 años: $200,000

Tasa de Interés: 5%

Seguro de hipoteca: $175

Pago de hipoteca: $1,074

Pagos de seguros: $150 por mes

Impuestos a la propiedad: $200 por mes

Otras expensas: $2,600

Ingreso Actual: $6,000

Ingreso por Renta: $0

Capacidad de ahorro por mes: $1,801

NOTA: Estos números no son precisos y son utilizados simplemente como un ejemplo, ya que las tasas pueden fluctuar y usted puede calificar para diferentes cosas.

Para calcular cuánto podremos ahorrar cada mes, necesitamos restar de su ingreso mensual sus expensas totales:

Ingreso total – Expensas totales = Capacidad de ahorro

$6,000 - $4,199 = $1,801

Monto que puede ahorrar cada mes: $1,801

Si siguiera el proceso de 8 pasos provisto, podría tener una situación que se parezca más a ésta:

Situación financiera mejorada:

Hipoteca a 15 años: $200,000

Tasa de Interés: 5%

Seguro de hipoteca: $0

Pagos de hipoteca: $1,582

Pagos de seguros: $90

Impuesto a la propiedad: $120

Otras expensas: $1,500

Ingreso Actual: $6,000

Ingreso por Renta: $500

Cantidad que puede ahorrar cada mes: $3,208

$6,500 – $3,292 = $3,208

Situación financiera final:

Cuando termine de pagar su hipoteca, su capacidad de ahorro total será de $4,790

$3,208 + $1,582 = $4,790

Cantidad que puede ahorrar cada mes más el pago de la hipoteca que ahora puede ahorrar resultará en $4,790.

Fuimos de ahorrar $1,801 cada mes a $4,790 una vez que termina de pagar su hipoteca.

¿Qué nos muestran estos 3 ejemplos?:

Situación financiera actual: Ahorrando $1,801 por mes por 30 años con una tasa de 1% que se combina mensualmente, usted debería tener un total de $755,750.

Así es como su interés se combinaría a lo largo de 30 años:

Año 1: $21,711

Año 2: $43,641

Año 3: $65,791

Año 4: $88,163

Año 5: $110,760

Año 6: $133,584

Año 7: $156,637

Año 8: $179,922

Año 9: $203,441

Año 10: $227,196

Año 11: $251,190

Año 12: $275,424

Año 30: $755,750

Nos saltamos los años 13 a 29 para simplificar el ejemplo, pero la clave es notar el crecimiento gradual al utilizar el interés combinado.

Situación financiera mejorada: Al ahorrar $3,208 por mes con una tasa de 1% que se combina mensualmente, usted debería ahorrar un total de $1,346,167.

Así es como su interés se combinará a lo largo de 30 años:

Año 1: $38,673

Año 2: $77,734

Año 3: $117,188

Año 4: $157,038

Año 5: $197,289

Año 6: $237,944

Año 7: $279,007

Año 8: $320,483

Año 9: $362,375

Año 10: $404,689

Año 11: $447,427

Año 12: $490,595

Año 30: $1,346,167

Nos saltamos los años 13 a 29 para simplificar el ejemplo, pero la clave es notar el crecimiento gradual al utilizar el interés combinado.

Situación Financiera Final: Al ahorrar $4,790 por mes por 30 años con una tasa de 1% que se combina mensualmente, debería tener un total de $2,010,019.

Así es como su interés se combinaría a lo largo de los 30 años:

Año 1: $57,744

Año 2: $116,068

Año 3: $174,979

Año 4: $234,481

Año 5: $294,580

Año 6: $355,284

Año 7: $416,597

Año 8: $478,527

Año 9: $541,078

Año 10: $604,258

Año 11: $668,072

Año 12: $732,528

Año 30: $2,010,019

Nos saltamos los años 13 a 29 para simplificar el ejemplo, pero la clave es notar el crecimiento gradual al utilizar el interés combinado.

RESUMEN DEL CAPÍTULO

La mayor forma de pago de interés que tendrá en su vida será su hipoteca. Esta es una gran oportunidad de ir desde deber a tener. Encontrar una forma de pagarla y eliminar el tener que pagar interés debería ser lo principal en su lista. Una vez que haya pagado su hipoteca y no tenga más pagos de interés, usted puede usar los ahorros para incrementar su ingreso por interés cada mes con el interés combinado. Páguese la misma cantidad que estaba pagando por su hipoteca mensualmente, pero hágalo para ganar interés en ese dinero al depositarlo en una cuenta de ahorro que combine interés mensualmente.

Capítulo 5

Cómo Cambiar los Pagos de Auto por Pagos de Interés

"Aquel que lo entiende, lo gana... aquel que no ... lo paga."

Albert Einstein

Tener pagos por autos para muchas personas es algo común. Es un gasto normal en el que las personas incurren mensualmente. El objetivo es no tener ningún pago si tiene la opción de pagarlo en efectivo, incluso si eso significa reducir a un modelo más viejo o diferente, para poder eventualmente pagarlo en 1 año o 2. Si su pago actual de auto es de $400 por mes, y asumiendo que termina de pagarlo para no tener que hacerlo más, tendría esencialmente $400 disponibles para ahorrar y empezar a ganar interés. ¿Cómo afectaría este cambio a sus finanzas a largo plazo? ¿Cómo crecerían esos mismos $400 a lo largo de 30 años si el interés se combina mensualmente?

Veamos cómo esos $400 crecerían a lo largo de 30 años cuando los deposita en una cuenta de ahorro que genere interés mensualmente, con una tasa de 1%.

Así es como el interés se combinará a lo largo de 30 años, depositando $400 cada mes en vez de hacer pagos de autos:

Año 1: $4,822

Año 2: $9,693

Año 3: $14,612

Año 4: $19,581

Año 5: $24,600

Año 6: $29,669

Año 7: $34,789

Año 8: $39,690

Año 9: $45,184

Año 10: $50,460

Año 11: $55,789

Año 12: $61,171

Año 30: $167,851

Nos saltamos los años 13 a 29 para simplificar el ejemplo, pero la clave es notar el crecimiento gradual al utilizar el interés combinado.

Luego de 30 años de hacer depósitos de $400 cada mes en su cuenta de ahorro, tendrá un total de $167,851.

En este caso, usted reemplazó los pagos de su auto con ahorros mensuales y ahora puede ver cómo esto tendría un efecto increíble en su capacidad de ahorrar. Esta es la razón por la que es tan importante reducir y eliminar tantas expensas como sea posible. Los pagos de autos son otra expensa que debería encontrar la forma de reducir o eliminar.

Veamos algunos ejemplos para poder comparar cuánto puede ahorrar con diferentes cantidades:

Si hace pagos de $300 por su auto cada mes, podría reemplazar este pago por generación de interés al pagar su auto, y acumular un total de $125,888 a lo largo de 30 años en una cuenta que combine interés mensualmente con una tasa de 1%.

Así es como el interés se combinará a lo largo de 30 años al depositar $300 cada mes en vez de pagar un auto.

Año 1: $3,617

Año 2: $7,269

Año 3: $10,959

Año 4: $14,686

Año 5: $18,450

Año 6: $22,252

Año 7: $26,092

Año 8: $29,970

Año 9: $33,888

Año 10: $37,845

Año 11: $41,842

Año 12: $45,879

Año 30: $125,888

Nos saltamos los años 13 a 29 para simplificar el ejemplo, pero la clave es notar el crecimiento gradual al utilizar el interés combinado.

Si hace pagos de $500 por su auto cada mes, podría reemplazar esos pagos por generación de interés, al pagar completamente su auto, y acumular un total de $209,814 a lo largo de 30 años en una cuenta de ahorro que combine interés mensualmente con una tasa de 1%.

Así es como el interés se combinaría a lo largo de 30 años, al depositar $500 cada mes en vez de pagar un auto:

Año 1: $6,028

Año 2: $12,116

Año 3: $18,265

Año 4: $24,476

Año 5: $30,750

Año 6: $37,086

Año 7: $43,486

Año 8: $49,951

Año 9: $56,480

Año 10: $63,075

Año 11: $69,736

Año 12: $76,484

Año 30: $209,814

Nos saltamos los años 13 a 29 para simplificar el ejemplo, pero la clave es notar el crecimiento gradual al utilizar el interés combinado.

Si hace pagos de $700 por su auto cada mes, podría reemplazarlo por pagos de interés, al pagar por completo su auto, y acumular un total de $293,740 a lo largo de 30 años en una cuenta de ahorro que combine interés mensualmente con una tasa de 1%.

Así es como el interés se combinará a lo largo de 30 años cuando deposita $700 mensualmente en vez de pagar un auto:

Año 1: $8,439

Año 2: $16,962

Año 3: $25,571

Año 4: $34,266

Año 5: $43,049

Año 6: $51,920

Año 7: $60,881

Año 8: $69,931

Año 9: $79,072

Año 10: $88,305

Año 11: $97,631

Año 12: $107,050

Año 30: $293,740

Nos saltamos los años 13 a 29 para simplificar el ejemplo, pero la clave es notar el crecimiento gradual al utilizar el interés combinado.

RESUMEN DEL CAPÍTULO

Pagar interés en un objeto que se deprecia es una decisión financiera mala. Primero, usted está pagando interés, algo de lo que intenta alejarse. Segundo, usted paga interés en un activo (su auto), que pierde valor a medida que pasa el tiempo. Siempre encuentre una forma de minimizar la depreciación comprando autos casi nuevos (mínimamente usados, pero en gran condición), para que pueda ahorrarse la gran pérdida de valor que sucede con un auto nuevo. Así mismo, encuentre una forma de pagar su auto tempranamente, para no estar pagando interés en él. Una vez que esté pagado, tome los pagos que hacía originalmente y deposítelos en una cuenta de ahorro para poder empezar a ganar interés sobre interés.

Capítulo 6

Hackear su Cuenta de Ahorro

"Los borradores que el verdadero genio recurre a la posteridad, a pesar de que no siempre sean honrados tan pronto como se venzan, seguramente se pagarán con interés combinado al final."

Charles Caleb Colton

El interés compuesto es fácil de crear y rápido de acumular una vez que inicia. Abra una cuenta de ahorro que genere interés en un banco (asegúrese de encontrar un banco que ofrezca la tasa más alta). Empiece a hacer depósitos mensuales en un monto específico que pueda costear. Recuerde, cuanto más deposite, más interés acumulará. Es sorprendente cómo incluso una tasa baja de interés puede permitirle acumular interés rápidamente.

Las cuentas de ahorros en diferentes bancos pueden combinar interés mensualmente, trimestralmente o anualmente. Siempre busque por el período de tiempo más corto, que es comúnmente mensual. Asegúrese de cobrar interés mensualmente sobre sus ahorros. Muchos bancos en línea ofrecen tasas de interés más altas que los bancos con franquicias físicas, ya que no tienen los costos de manutención de esas sucursales. Usted debería investigar en línea para ver qué pagan de interés. No obtenga una cuenta que tenga cargos de mantenimiento o impuestos de balance mínimo, ya que estas expensas se comerán sus pagos. Algunos bancos incluso le pagan un bono cuando abre una cuenta con un monto específico, que es una gran forma de empezar a ahorrar siempre que no haya impuestos ocultos o requerimientos cada mes.

Cuando empiece a hacer depósitos mensuales en su cuenta de ahorro, trate de ser consistente con la cantidad que pone, y asegúrese de hacerlo un día específico de casa mes, para poder volverlo un hábito. Tener transferencias automáticas programadas para que se realicen de su cuenta corriente hacia su cuenta de ahorro es una gran idea.

Asegúrese que la transferencia ocurra uno o dos días luego de recibir su salario, para no gastar el dinero antes de transferirlo. Muchos inversionistas exitosos sugieren que ahorre al menos 10% de lo que hace casa mes, y siempre se pague primero a usted antes de pagar sus otras expensas. Esta es una mejor forma de garantizar seguir con el plan en vez de adivinar cada mes cuánto debería estar depositando en su cuenta.

¿Por qué es bueno tener activos líquidos?

Recuerde, las cuentas de ahorro son activos líquidos, lo que significa que usted puede retirar su dinero en cualquier momento. Si encuentra otro banco que ofrece una tasa mayor, usted puede tomar su dinero y llegarlo al banco el mismo día. Tener activos líquidos le da flexibilidad sobre qué opciones tiene para su uso. Si tiene un certificado de depósito, usted ganará interés, pero no podrá retirar el dinero hasta que el contrato expire, o tendrá penalización y posiblemente otros gastos, además de que el interés no se combinará automáticamente cada mes. Así mismo, cuando tiene un certificado de depósito, usted está fijo a una tasa de interés y no se beneficiará si los bancos empiezan a pagar una tasa más alta en sus cuentas durante ese período de tiempo. Es por ello que es importante considerar una tasa de interés alta y también la flexibilidad para mover su dinero cuando quiera.

Beneficios de tener una cuenta de ahorro:

- Puede combinar interés mensualmente.
- Es un activo líquido disponible en cualquier momento.
- Algunas tasas de interés pueden ser tan altas como las cuentas de mercado o certificados de depósito.

- Tiene la flexibilidad de mover su dinero a una cuenta que pague más interés.
- Puede hacer tantos depósitos como quiera
- Es considerado un ahorro más seguro que otros productos no protegidos.

Aspectos negativos de tener una cuenta de ahorro:

- Podría obtener una tasa de interés más alta en otra inversión.
- Sólo crecerá si continúa realizando depósitos adicionales y si continúa recibiendo interés.
- No tendrá el beneficio de pago de dividendos o equidad como lo tendría en otras inversiones.

EJEMPLOS DE INTERÉS COMBINADO

Considerando que todos tienen una situación financiera diferente cuando se trata de ahorrar, le proveeré diferentes montos y tasas de interés para mostrarle cómo el interés combinado lo podría beneficiar a lo largo de 30 años.

Asumiendo que el interés se combine mensualmente.

Si hace depósitos mensuales de $500 en una cuenta de ahorro con tasa de 2%.

Si tiene una cuenta de ahorro con una tasa de 2% (en promedio a lo largo de 30 años) y deposita los mismos $500 casa mes, usted acumulará aproximadamente $246,363

Si hace depósitos mensuales de $500 en una cuenta de ahorro con tasa de 3%.

Si tiene una cuenta de ahorro con una tasa de 3% (en promedio a lo largo de 30 años) y deposita los mismos $500 casa mes, usted acumulará aproximadamente $291,368.

Si hace depósitos mensuales de $1,000 en una cuenta de ahorro con tasa de 1%.

Si tiene una cuenta de ahorro con una tasa de 1% (en promedio a lo largo de 30 años) y deposita los mismos $1,000 casa mes, usted acumulará aproximadamente $419,628.

Si hace depósitos mensuales de $1,000 en una cuenta de ahorro con tasa de 2%.

Si tiene una cuenta de ahorro con una tasa de 2% (en promedio a lo largo de 30 años) y deposita los mismos $1,000 casa mes, usted acumulará aproximadamente $492,725.

Si hace depósitos mensuales de $1,000 en una cuenta de ahorro con tasa de 3%.

Si tiene una cuenta de ahorro con una tasa de 3% (en promedio a lo largo de 30 años) y deposita los mismos $1,000 casa mes, usted acumulará aproximadamente $582,737.

Si hace depósitos mensuales de $2,000 en una cuenta de ahorro con tasa de 1%.

Si tiene una cuenta de ahorro con una tasa de 1% (en promedio a lo largo de 30 años) y deposita los mismos $2,000 casa mes, usted acumulará aproximadamente $839,256.

Si hace depósitos mensuales de $2,000 en una cuenta de ahorro con tasa de 2%.

Si tiene una cuenta de ahorro con una tasa de 2% (en promedio a lo largo de 30 años) y deposita los mismos $2,000 casa mes, usted acumulará aproximadamente $985,451.

Si hace depósitos mensuales de $2,000 en una cuenta de ahorro con tasa de 3%.

Si tiene una cuenta de ahorro con una tasa de 3% (en promedio a lo largo de 30 años) y deposita los mismos $2,000 casa mes, usted acumulará aproximadamente $1,165,474.

Si hace depósitos mensuales de $4,000 en una cuenta de ahorro con tasa de 1%.

Si tiene una cuenta de ahorro con una tasa de 1% (en promedio a lo largo de 30 años) y deposita los mismos $4,000 casa mes, usted acumulará aproximadamente $1,678,513.

Si hace depósitos mensuales de $4,000 en una cuenta de ahorro con tasa de 2%.

Si tiene una cuenta de ahorro con una tasa de 2% (en promedio a lo largo de 30 años) y deposita los mismos $4,000 casa mes, usted acumulará aproximadamente $1,970,902.

Si hace depósitos mensuales de $4,000 en una cuenta de ahorro con tasa de 3%.

Si tiene una cuenta de ahorro con una tasa de 3% (en promedio a lo largo de 30 años) y deposita los mismos $4,000 casa mes, usted acumulará aproximadamente $2,330,948.

Si hace depósitos mensuales de $6,000 en una cuenta de ahorro con tasa de 1%.

Si tiene una cuenta de ahorro con una tasa de 1% (en promedio a lo largo de 30 años) y deposita los mismos $6,000 casa mes, usted acumulará aproximadamente $2,517,769.

Si hace depósitos mensuales de $6,000 en una cuenta de ahorro con tasa de 2%.

Si tiene una cuenta de ahorro con una tasa de 2% (en promedio a lo largo de 30 años) y deposita los mismos $6,000 casa mes, usted acumulará aproximadamente $2,956,352.

Si hace depósitos mensuales de $6,000 en una cuenta de ahorro con tasa de 3%.

Si tiene una cuenta de ahorro con una tasa de 3% (en promedio a lo largo de 30 años) y deposita los mismos $6,000 casa mes, usted acumulará aproximadamente $3,496,421.

Si hace depósitos mensuales de $8,000 en una cuenta de ahorro con tasa de 1%.

Si tiene una cuenta de ahorro con una tasa de 1% (en promedio a lo largo de 30 años) y deposita los mismos $8,000 casa mes, usted acumulará aproximadamente $3,357,026.

Si hace depósitos mensuales de $8,000 en una cuenta de ahorro con tasa de 2%.

Si tiene una cuenta de ahorro con una tasa de 2% (en promedio a lo largo de 30 años) y deposita los mismos $8,000 casa mes, usted acumulará aproximadamente $3,941,803.

Si hace depósitos mensuales de $8,000 en una cuenta de ahorro con tasa de 3%.

Si tiene una cuenta de ahorro con una tasa de 3% (en promedio a lo largo de 30 años) y deposita los mismos $8,000 casa mes, usted acumulará aproximadamente $4,661,895.

Si hace depósitos mensuales de $10,000 en una cuenta de ahorro con tasa de 1%.

Si tiene una cuenta de ahorro con una tasa de 1% (en promedio a lo largo de 30 años) y deposita los mismos $10,000 casa mes, usted acumulará aproximadamente $4,196,282.

Si hace depósitos mensuales de $10,000 en una cuenta de ahorro con tasa de 2%.

Si tiene una cuenta de ahorro con una tasa de 2% (en promedio a lo largo de 30 años) y deposita los mismos $10,000 casa mes, usted acumulará aproximadamente $4,927,254.

Si hace depósitos mensuales de $10,000 en una cuenta de ahorro con tasa de 3%.

Si tiene una cuenta de ahorro con una tasa de 3% (en promedio a lo largo de 30 años) y deposita los mismos $10,000 casa mes, usted acumulará aproximadamente $5,827,369.

¿Qué puede ver?

Puede ver de todos estos ejemplos, qué tan poderoso y efectivo es el interés combinado. Cuanto más ahorre, más interés ganará a lo largo del tiempo. Es por ello que es tan importante encontrar una forma de reducir expensas e incrementar su ingreso. Esto le permitirá ahorrar más, que a su vez generará más interés cada mes.

No necesita ser un genio de las matemáticas para ver que sumas pequeñas pueden sumarse rápidamente cuando hace depósitos mensuales consistentes que combinan interés. ¡Vaya y hágalo suceder!

RESUMEN DEL CAPÍTULO

El interés compuesto es un trabajador duro que puede ser parte de su vida financiera. Haga del dinero su empleado y no su jefe al abrir una cuenta de ahorro que genere interés, y depositar cada mes de forma consistente. Corrobore con su representante del banco para asegurarse que el interés se combinará mensualmente, para poder ver los efectos.

Recuerde, usted es dueño de su dinero. Su dinero no es dueño de usted. Empiece a hacerlo trabajar duro para que crezca más rápidamente a través del interés combinado.

Capítulo 7

Hackear sus Expensas para Crear Ingreso Pasivo

"El bien y el mal, ambos crecen en el interés compuesto. Es por ello que las decisiones pequeñas que usted y yo tomamos cada día son de tan infinita importancia."

C. S. Lewis

La mayoría de las personas entran en el hábito de pagar por cosas que no necesitan realmente y no utilizan. Las subscripciones y pagos anuales de tarjetas de crédito son comúnmente pagados e innecesarios en la mayoría de los casos. Hacer una lista detallada de lo que paga cada mes le permitirá vislumbrar en qué está gastando y en qué podría estar ahorrando. Cree un plan para eliminar expensas para ayudarlo a hacerlo suceder.

Aquí tiene una lista de expensas que podría tener y que lo beneficiarían al reducirlas o eliminarlas.

- Comer fuera
- Cargos anuales de tarjeta de crédito
- Subscripciones de emails o sitios web
- Botellas plásticas de agua
- Comida chatarra

- Ropa sin descuento
- TV por cable
- Internet
- Gasolina
- Seguro del auto
- Suministros para la escuela
- Facturas médicas
- Temporadas de compra
- Viajes
- Expensas de negocios
- Factura de agua
- Factura de electricidad
- Renta o hipoteca
- Pagos de autos
- Impuestos al ingreso
- Celular

Estas son algunas de las expensas que la mayoría de las personas tienen, pero siempre puede agregar más a la lista.

Veamos una por una:

Comer afuera puede ser muy divertido, pero usualmente caro y poco saludable. Intente preparar comida en casa y llevarla al trabajo. Encontrará que perderá peso más rápidamente cuando lleva su comida en vez de comprarla afuera. Ir en un picnic o comer fuera puede ser también relajante y bueno para usted cuando come saludable. La mayoría de los restaurantes que están disponibles durante el almuerzo y cena ofrecen alimentos altos en carbohidratos, que le harán ganar peso de forma poco saludable. Usualmente ofrecen alguna forma de productos de pan como: pizza, sándwiches, pasta, envueltos, etc. Las proteínas magras, frutas, ensaladas y frutos secos son conocidos por ayudar a controlar el peso y proveer con menos cambios en energía a lo largo del día.

Los cargos anuales de tarjetas de crédito pueden ser expensas olvidadas que aparecen cada mes o anualmente, y no se notan. Estoy seguro que eran importantes en un punto, pero ¿son necesarias ahora? Mire todas sus subscripciones y deshágase de las que no necesite. Se sorprenderá al descubrir qué está pagando y no usando más.

Las botellas plásticas de agua deberían ser utilizadas solo en situaciones de emergencia y no diariamente. Encuentre un contenedor de agua que pueda llevar con usted cómodamente, y rellénelo con agua. Si quiere agua de alta calidad, simplemente compre un sistema de filtro de agua, que reducirá las toxinas. Para el agua de mejor calidad, compre un sistema de ósmosis reversa. Estos no son tan caros como las personas creen y usualmente proveen un beneficio significativo cuando se trata de la calidad de agua que bebe. Estos pueden eliminar una gran porción de toxinas y otros materiales en el agua, incluyendo: metales, cloro, fluoruros, bacterias, etc. Algunas botellas de agua que se venden en las tiendas no proveen la calidad que promocionan. Si quiere verificar la calidad del agua, simplemente use un probador chico de calidad. Son muy baratos y valen el dinero. Cuando verifique la calidad, no le gustará lo que vea y se sentirá más cerca de comprar un sistema de ósmosis reversa. Estas son expensas de una vez en vez de recurrentes, como sería el caso de comprar botellas de agua diaria o semanalmente.

La comida chatarra sabe bien, pero puede sumar mucho en expensas y su panza. Si hace un hábito del llevar comida saludable con usted en vez de comer lo que esté disponible cuando sale, encontrará mucho más fácil resistir la tentación. Vuélvase un llevador de comida. Tome un bolso o cartera y llénelo con fruta fresca o seca, frutos secos, vegetales y otros alimentos saludables y deliciosos. Es muy simple, todo lo que necesita hacer es planificar con anticipación lo que quiere comer el día siguiente y ponerlo en un bolso. La mayoría de la comida chatarra no tiene valor nutricional, lo que significa que su cuerpo no obtiene nada al comerla. Nada de vitaminas, minerales, energía, nada de beneficios positivos. Los efectos de la comida saludable versus la comida chatarra se combinarán a lo largo del tiempo. Si su estómago está repleto de comida saludable, no se interesará en la comida chatarra. Si está en el supermercado, simplemente evite los pasillos que tienen comida chatarra y haga de ello un hábito.

La ropa sin descuento es un gasto sencillo de reducir. Simplemente planifique con anticipación. Encuentre lo que quiere, y cuándo estará rebajado. Algunas tiendas tienen rebajas anuales en fechas específicas o temporadas. Recuerde comprar su ropa de invierno en verano y la de verano en invierno, ya que tendrán los mayores descuentos durante estos tiempos del año. Hacer compras en línea también es una gran forma de ahorrar. Las tiendas en línea usualmente ofrecen un precio descontado que no obtendrá en una tienda física si compra el mismo artículo.

La TV por cable ha sido una expensa favorita en la mayoría de los hogares por muchos años, pero los tiempos han cambiado y la nueva tecnología permite que muchos eliminen la tv por cable y la reemplacen con aplicaciones en línea a las que puede acceder desde su teléfono y se pueden proyectar en su TV. Hay aparatos que le permiten transmitir sus programas favoritos y películas a su tv desde su teléfono, sin requerir una subscripción mensual. Se vuelven un gasto de 1 vez.

La internet es necesaria para la mayoría de las personas y un gasto que deben tener para llevar a cabo su negocio y otras actividades diarias. Por esta razón, es una buena idea buscar las mejores tasas de servicio en su mercado. La mayoría de los proveedores de internet tienen un especial que no mencionarán si no pregunta, asique asegúrese de llamar y preguntar.

La gasolina ha sido un gasto clásico para todos los que tienen un auto. Gracias a los autos híbridos, eléctricos y prontamente solares, el costo del combustible se ha reducido. Considere estas opciones cuando compre un auto, ya que le ahorrarán una cantidad de dinero significativa a lo largo del tiempo. Si no tiene ninguno de estos tipos de autos y aún quiere ahorrar en gasolina, busque los precios más bajos. Otras formas de ahorrar son: obtener una tarjeta de descuento de gasolina, cambiar a un vehículo más pequeño, reducir el uso del aire acondicionado, obtener ruedas nuevas, etc.

El seguro de su auto es una expensa consistente cuando se trata de proveedores de seguros. Si llama a una compañía u otra, puede haber una diferencia del doble o incluso el triple. Siempre busque los precios más bajos de seguro ya que esto le puede ahorrar dinero. Asegúrese de preguntar qué descuentos le pueden ofrecer ya que podría no estar recibiendo para el que califique. Haga más de dos llamados y asegúrese de llamar a las compañías más grandes, ya que usualmente ofrecen las tasas más bajas.

Los suministros para la escuela pueden ser caros o baratos, dependiendo de lo que necesita y el costo de ellos. Si usted o sus hijos tienen que pagar por suministros para la escuela, siempre vea en línea primero ya que en general encontrará precios más bajos que en las tiendas físicas. Si quiere ir a una tienda en vez de comprar en línea, asegúrese de encontrar el mismo artículo en línea e imprímalo con el precio. Muchas tiendas han adoptado esta opción para competir contra tiendas en línea. Otra gran forma de ahorrar en suministros es comprar lo que necesita meses antes, ya que los precios usualmente suben antes de que la escuela inicie, lo que significa que pagará más de lo que debería. Compre cuando estén rebajados, que es usualmente cuando ya han iniciado las clases y las personas ya han dejado de comprar suministros. Las tiendas necesitan deshacerse del inventario, asique reducen los precios.

Las facturas médicas pueden ser un gasto difícil de cubrir. Asegúrese de planificar con anticipación al tener seguro de salud y buscar precios antes de pagar por su medicina, chequeos, inyecciones y otros gastos médicos que no serían considerados una emergencia. Una farmacia podría cobrar 30/40% más que su competencia, que podría estar cruzando la calle.

Las temporadas de compra pueden ser evitadas si sabe qué busca comprar de antemano. Haga un listado de las cosas que necesita antes de salir de su casa. De esta forma, tendrá un plan de compra preparado para seguir. A continuación, aténgase a la lista. No planifique comprar 10 cosas y luego compre 20. También, debe saber la diferencia entre necesitar y querer algo. Si no lo necesita y no lo usará más de una vez, piense dos veces.

Los viajes son un gasto excitante y divertido que todos tienen una vez al año, incluso si simplemente maneja hacia otra ciudad y no toma un tren o avión. Compre viajes en línea y con anticipación para obtener las mejores ofertas. Sea flexible si puede en las fechas y la ubicación, ya que muchos lugares alrededor del mundo tienen poca demanda en diferentes épocas del año, lo que puede reducir sus gastos generales y proveerle con experiencias únicas. Usar sus millas, puntos de viajero y cupones de renta de autos son otras formas en las que puede obtener descuentos significativos, o simplemente reducir el total de sus expensas.

Los gastos de negocios son importantes y muchas veces necesarios. Decida qué expensas tienen el beneficio más significativo en su empresa o casa y cuáles no. Algunos gastos son grandes, pero no le proveen con un beneficio significativo. Analice todos sus gastos en detalle, ya que siempre encontrará algo que no necesita y puede eliminar.

Sus facturas de agua son una expensa sobre la que puede tener control al hacer diferentes cosas. Puede cerrar la canilla mientras se cepilla los dientes o afeita. Puede aprender a lavar los platos y luego cerrar la canilla cuando los está limpiando. Tome duchas más cortas y prevenga dejar el agua correr mucho tiempo antes de entrar a la ducha. Hay muchas otras cosas que puede hacer para reducir su factura de agua, sea creativo y no deje el agua correr si no la está usando.

Sus facturas de electricidad pueden ser reducidas fácilmente al hacer cosas simples. Apague las luces cuando se vaya de la casa o cuando no esté en una habitación en particular. Apague la tv si no la está mirando. Lave la ropa cuando pueda llenar la lavadora en vez de hacerlo cada vez que tiene algunas prendas. Baje el consumo del aire acondicionado o calentador al usarlo cuando lo necesita en vez de tenerlo prendido siempre.

La renta y la hipoteca son expensas usualmente grandes. La regla general es que es mejor ser dueño que rentar si puede costearlo, y si le permite ahorrar luego de cubrir todos los gastos. Luego, es mejor siempre tener su casa libre en vez de tenerla con una hipoteca, asique necesita trabajar en pagarla por completo de forma inteligente. He cubierto un capítulo entero con este tema, asique puede revisarlo y ver si se puede beneficiar de alguna de las ideas provistas. Este es un gasto importante que necesita verificar e intentar reducir.

Los pagos por un auto se han incrementado a lo largo de los años. Antes, los pagos de $500 eran altos, pero ahora $1,200 es considerado un pago alto. Por esta razón, tiene sentido reducir o eliminar este gasto usando un número de opciones diferentes como: pagar su auto por completo, bajar a un modelo más viejo, pero en muy buena condición, obtener un vehículo de menor valor que no requiera pagos fragmentados, etc. Hay muchas opciones entre las que puede elegir. Su objetivo es reducir o eliminar los pagos por automóvil.

Los pagos de impuestos son importantes para la sociedad en conjunto, pero podrían no ser un gasto que deba tener. Ser dueño de un negocio y sacar provecho de la forma en que los gastos se pueden deducir antes que los impuestos, debería ser algo a considerar. Sería inteligente hablar con su contador para ver si se podría beneficiar de esta opción.

Reduzca su **factura de teléfono móvil**. Llame a su proveedor y encuentre un plan que le permita reducir sus pagos. Vea si está pagando por internet que no usa cada mes o si tiene servicios que nunca utilizó y que podrían ser eliminados. Pague su teléfono por completo si lo está financiando para reducir sus pagos mensuales. No pague facturas costosas cuando podría estar pagando mucho menos. Compare los proveedores para ver si alguna otra compañía ofrece un plan diferente que lo beneficiaría y le ahorraría dinero.

El beneficio resultante

Al hackear estos gastos, usted podrá liberar dinero que puede ahorrar para empezar a generar un ingreso por interés. Los ahorros pequeños en cada una de estas categorías se sumarán en cantidades más grandes. Encuentre una forma de reducir estas y otras expensas en su vida.

Digamos que tiene $2,500 en expensas mensuales y es capaz de reducirlas a $1,000. Podría ahorrar $1,500 cada mes. Si deposita esta suma en su cuenta de ahorro cada mes, con una tasa de interés de 1% y que combine interés mensualmente, tendrá un total de $629,442 ahorrado luego de 30 años. Ésta sería una buena cantidad de dinero para su retiro y todo lo que necesitó hacer fue rever sus expensas y reducir o eliminar algunas.

RESUMEN DEL CAPÍTULO

Los gastos de su casa y empresa son una oportunidad oculta de convertir pagos salientes en expensas en un ingreso pasivo de interés. Al reducir o eliminar expensas que tiene actualmente, usted podrá incrementar su capacidad de ahorrar dinero y empezar a ganar interés. Usted acumula tantas cosas y se vuelve ligado a cosas que no necesita. Elimine el desorden físico y mental en su vida. Transfórmelo en ingreso pasivo. Encuentre una forma de liberarse de los gastos diarios que al final se sumarán en dinero perdido en vez de dinero compuesto.

Capítulo 8

Cambiando Su Vida Financiera

"Cuanto más tiempo se retiene un pago; mejor para usted; ya que el interés compuesto sobre interés compuesto es la tasa y uso de esta tesorería."

Ralph Waldo Emerson

¿Preferiría recibir pagos por interés cada mes o realizar los pagos usted mismo?

Esta es una pregunta simple que la mayoría de las personas contestan correctamente, pero en realidad hacen lo opuesto. La gran mayoría de la población paga interés a un banco o prestamista en una u otra forma cada mes. Como todos están tan enfocados en incrementar su ingreso y están ocupados trabajando más duro, no se dan cuenta de qué está sucediendo. El interés se sigue incrementando cada mes, asique trabajan más duro y pasan menos tiempo con sus seres queridos o disfrutando de la vida, y no es la forma en que se supone que sea. Tómese el tiempo de repasar su vida y cómo se proyecta a futuro. ¿Está trabajando más o está trabajando menos y disfrutando de más tiempo libre?

¿Por qué no hacer lo opuesto?

¿Y qué si pagara todas sus deudas y dejara de pagar interés a otros, y empezara a ahorrar dinero? ¿Y qué si el dinero que ahorra cada mes le pagara interés a usted? ¿Y qué si el interés se combinara cada mes, pagándole interés sobre interés? Estas son preguntas que necesita empezar a hacerse. Estas son las preguntas que necesita empezar a contestar y hacer algo al respecto. Cuando antes pase de pagar interés a recibir interés, más rápido sus ingresos y ahorros se incrementarán.

¿Qué pasaría si todo el interés que paga en la forma de financiamiento se volviera un ingreso? ¿Cuánto podría estar ganando cada mes? Pare y piense acerca de esto. Haga los números y vea cuánto podría recibir en ingreso por interés pasivo por mes, simplemente teniendo el coraje de ser diferente del resto y eliminando sus deudas.

Las personas más inteligentes y ricas en el mundo siguen esta regla. Trabajan duro para mantenerse fuera de la deuda y no tienen que pagar interés. También usan el poder del interés combinado para incrementar su valor neto y su calidad de vida.

¿Cuál es su situación financiera?

Digamos que esta es su situación cada mes:

Ingreso neto: $7,000

Pagos de interés en la deuda que tiene: $680

Otros gastos: $4,300

Cuenta de ahorros (activos): $30,000

Ahorros mensuales totales: $2,020

Veamos ahora cuánto podría acumular a lo largo de 30 años usando el interés combinado con una tasa de 1%, que se combina mensualmente.

Al final de los 30 años, tendrá un total de $888,140 cuando usa sus ahorros de $30,000 como depósito inicial al abrir una cuenta de ahorro para empezar a acumular interés combinado.

INTERÉS COMBINADO TOTAL: $888,140

Si usted paga todas sus deudas

¿Qué pasaría si pagara todas sus deudas y eliminara los pagos de interés al utilizar $25,000 de sus ahorros?

Veamos cómo se vería cada mes:

Ingreso Neto: $7,000

Otros gastos: $4,300

Cuenta de ahorros (activos): $5,000

Ahorros mensuales totales: $2,700

Al final de los 30 años usted tendría un total de $1,139,745 cuando utiliza $5,000 como su depósito inicial al abrir la cuenta de ahorro para empezar a acumular interés.

INTERÉS COMBINADO TOTAL: $1,139,7450

Si usted paga sus deudas y elimina gastos

¿Qué pasaría si eliminara todas sus deudas y sus pagos de interés al usar $25,000 de sus ahorros, y redujera sus expensas a $2,000 cada mes?

Veamos cómo se vería cada mes:

Ingreso neto: $7,000

Otros gastos: $2,000

Cuenta de ahorros (activos): $5,000

Ahorros mensuales totales: $5,000

Al finalizar los 30 años, usted tendría un total de $2,104,890 al utilizar los $5,000 como su depósito inicial al abrir la cuenta de ahorro para empezar a acumular interés combinado.

¿Cuál es la diferencia?

La diferencia entre pagar interés y tener gastos altos o eliminar toda la deuda y reducir expensas, fue que su capacidad de ahorro pasó de $2,020 a $5,000 cada mes.

Cuando mira lo que fue capaz de ahorrar usando el interés combinado inicialmente ($888,140) a lo que logra luego de eliminar deudas y expensas ($2,104,890), tendrá una diferencia de $1,216,750. Esta es una gran diferencia cuando se trata de ahorrar.

$2,104,890 - $888,140 = $1,216,750

Usted pudo ahorrar un adicional de $1,216,750 a lo largo de 30 años simplemente por pagar sus deudas y reducir expensas.

Es por ello que es una buena idea eliminar los pagos de interés y reducir sus gastos

RESUMEN DEL CAPÍTULO

Para las personas que piensan que pagar sus deudas no cambiará sus finanzas, piensen de nuevo. Al pagar su deuda, todo cambiará. Le permitirá ahorrar más e incrementar la cantidad de dinero que puede combinar cada mes. Al eliminar expensas, usted creó un efecto ondulatorio incluso mayor a lo largo del tiempo. Haga una prioridad el incrementar su capacidad de ahorro. Para poder ahorrar dinero usted debe gastar menos y hacer más dinero. Ambas dependen de usted. Deje de pagarle a otros y empiece a pagarse a usted mismo. Aprenda a vivir una vida financieramente libre y termine con la esclavitud financiera.

Capítulo 9

Volviéndose un Millonario del Interés Compuesto

"La naturaleza usa efectos de combinación para crecer y esparcirse. Los humanos deberían usar el interés compuesto para crecer y esparcirse financieramente."

Desconocido

Volverse un millonario del interés compuesto es muy posible. Para volverse uno, puede empezar haciendo las siguientes cosas simples pero efectivas:

1. Sume toda su deuda y descubra cuánto le llevaría pagarla por completo.
2. Pague sus deudas una por una, sin importar lo grandes que parezcan.
3. Decida qué sacrificios necesita hacer en su vida para reducir expensas e incrementar ahorros.
4. Incremente su ingreso siendo creativo: busque otro empleo, empiece su propio negocio, cuidando niños, enseñando, cortando el césped para los vecinos, rentando espacio (casa de huéspedes, habitaciones u otro espacio) en su casa, etc.

5. Sume todos los pagos que eliminó y deposite ese dinero en su cuenta de ahorro de ahora en más.

6. Use una calculadora de interés combinado para descubrir cuánto le llevaría volverse un millonario usando los depósitos que haría de los pagos que eliminó y el ingreso que es capaz de ahorrar cada mes. Por ejemplo, si sus expensas son $2,200 por mes y encontró una forma de rebajarlas y pagar sus deudas para que este monto se vuelva $1,000, usted depositaría el resto en una cuenta de ahorro que combine interés mensualmente junto con el ingreso que tiene sobrante ($1,200 en expensas + $3,000 en ingreso = $4,200 para ser depositado). Use una tasa inicial de 1% a pesar de que la media a lo largo de los 30 años pueda ser mayor. Asegúrese de escoger la opción de combinar mensualmente y no anualmente.

7. Una vez que calcule cuánto le llevaría volverse un millonario usando los depósitos de las expensas eliminadas más el ingreso sobrante, usted puede jugar con incrementos o reducciones variadas en su ingreso para estar preparado para cambios en su futuro financiero.

8. Use tasas de 2% y 3% en la calculadora de interés compuesto para ver cuánto le llevaría llegar a un millón, en caso de que pueda encontrar una cuenta de ahorro con tasa alta y consistente. No suba más de 3% ya que necesita usar un número que sea realista al hacer un

promedio de 30 años. Las tasas de interés de las cuentas de ahorro subirán y bajarán cada año, asique use un número bajo para el cálculo. Asegúrese de buscar para encontrar el banco que pague más interés, incluso si es uno en línea.

9. Cuando descubra cuánto le llevaría llegar a un millón, reduzca este tiempo incrementando la cantidad que necesita ahorrar cada mes.

10. Si quiere acelerar el proceso, encuentre una forma de incrementar su ingreso y reducir sus expenses incluso más. Empiece un negocio, cambie a un empleo de mayor paga, pida un ascenso, reduzca sus impuestos con la ayuda de un contador, etc.

¿Qué sigue?

Tome control de su vida financiera y su futuro. Deje de depender en otros para darle soluciones al proveer inversiones de alto riesgo o resultados futuros poco realistas para su dinero. Tome el mando y permítase tener la libertad de disfrutar su vida de la forma que usted quiere. Tener que estresarse sobre sus finanzas debería ser innecesario si planifica con anticipación y se prepara para ser exitoso.

Las personas ricas no pagan interés. Las personas ricas viven de pagos de interés e ingreso pasivo. Usan sus empresas para sacar provecho de los beneficios de impuestos para maximizar su potencial de ahorro y ahorrar incluso más. Empiece a usar el interés compuesto en sus finanzas y su vida. Empiece combinando amor, combinando salud, combinando su capacidad de compartir y cuidar de otros, combinando sus relaciones y combinando su vida en general.

RESUMEN DEL CAPÍTULO

Siga los pasos descritos en este capítulo. Prevéngase de desviarse del plan y mantenga su fin de ahorro. Sea disciplinado con sus expensas. Cuando empiece a ver los resultados financieros positivos, se sentirá energizado y motivado para continuar con lo que está haciendo. Se combinará emocionalmente en su vida. Será más feliz, energético y estará más motivado para incrementar su capacidad de ahorro. Hacer esto le cambiará la vida.

Capítulo 10

Resumiendo Todo

"Preste atención a los efectos de combinar en su vida, ya que serán su resultado al final."

Desconocido

En general, el componente clave para incrementar su interés compuesto es incrementar la cantidad que es capaz de ahorrar cada mes. Para lograr esto, usted querrá hacer 3 cosas muy importantes:

#1 Reduzca sus expensas y elimine deudas

Revise sus expensas y vea cuáles son innecesarias o pueden ser eliminadas. Al reducir sus expensas, usted incrementará su capacidad de ahorro.

Aquí tiene un ejemplo simple:

Ingreso total: $6,000

Expensas totales: $3,000

Capacidad de ahorro por mes: $3,000

Si usted reduce sus expensas a $2,000, su capacidad de ahorro se incrementaría a $4,000 cada mes.

$6,000 - $2,000 = $4,000 en ahorros totales por mes.

#2 Comience su propio negocio en vez de ser un empleado

Recuerde, cuando usted es dueño de su negocio, podrá deducir expensas antes de pagar impuestos, lo que lo beneficiará y permitirá ahorrar más.

Aquí tiene un ejemplo de lo que un empleado ahorra cada mes:

Empleado

Ingreso total que paga impuestos: $6,000

Impuestos de 30%: $1,800

Ingreso total neto: $4,200

Expensas totales: $2,000

Capacidad de ahorro por mes: $2,200

$6,000 x 0.30 = $1,800

$6,000 - $1,800 = $4,200

$4,200 - $2,000 = $2,200 ahorros totales con los que puede empezar a ganar interés.

Aquí tiene un ejemplo de lo que un empresario ahorra cada mes:

Empresario

Ingreso total: $6,000

Expensas totales: $2,000

Ingreso total que paga impuestos: $4,000

Impuesto de 30%: $1,200

Capacidad de ahorro por mes: $2,800

$6,000 - $2,000 = $4,000

$4,000 x 0.30 = $1,200

$4,000 - $1,200 = $2,800 ahorros totales con los que puede empezar a ganar interés.

El dueño de un negocio fue capaz de ahorrar $600 más que un empleado. A lo largo del tiempo, esto puede sumarse rápidamente. En un año, esto es $7,200 más. En 10 años, $72,000 más. Usted entiende la idea.

#3 Deposite sus ahorros cada mes en una cuenta de ahorro que genere interés y que se combine mensualmente

Como un empresario que es capaz de ahorrar $2,800 por mes, usted puede depositar estos ahorros en una cuenta que pague un interés de 1% y se combine mensualmente.

Luego de 30 años, sus ahorros habrán crecido hasta $1,174,959.

No es magia. No es algo inusual ser capaz de ahorrar esta cantidad de dinero. Simplemente funciona. El interés compuesto combinado con un ahorro consistente, crecerá hasta cantidades sorprendentes a lo largo del tiempo. Es así como se vuelve un millonario del interés compuesto.

NOTA: Asegúrese de tener una cuenta de ahorros adicional de emergencia y una cuenta aparte para expensas, que podría ser en la que cobra. De esta forma resistirá la tentación de tomar el dinero de su cuenta de ahorro a largo plazo. Su cuenta de emergencia puede tener montos menores depositados cada mes, ya que no debería tener emergencias todo el tiempo, pero debe estar preparado en caso de que algo surja.

RESUMEN DEL CAPÍTULO

Ahorrar es importante, pero hacerlo eficientemente es incluso más importante. Para ser eficiente, usted necesitará eliminar los pagos de interés. Necesita reducir y eliminar expensas. Necesita reducir la cantidad que paga en impuestos al ser dueño de un negocio, luego de consultar con su contador para asegurarse de que sea correcto para usted. Necesita trabajar en incrementar su ingreso cada mes, y más importantemente, necesita empezar a ganar interés compuesto mensualmente. Está, básicamente, reorganizando su vida para poder tener un futuro financiero feliz del cual estar orgulloso.

Comparta el Conocimiento

¿Cómo cambiaría el mundo si menos personas estuviesen en deuda y más personas tuvieran ingreso pasivo en la forma de interés cada mes? ¿Estarían las personas menos estresadas? ¿Tendría la mayoría de la gente tiempo libre para pasar con su familia y haciendo las cosas que ama? ¿Cómo puede ayudar a otros a alcanzar una libertad financiera real, y tener un futuro financiero exitoso? Puede empezar por compartir este libro con ellos.

La elección de ser financieramente libre es realmente suya, pero necesitan el conocimiento. Si supieran que hay una forma mejor, la mayoría de las personas cambiarían su camino. La vida es perspectiva. De cómo mira las cosas. Si cree que volverse financieramente libre es posible, entonces está en lo correcto, y si cree lo opuesto, también está en lo correcto. Lo que usted decida hacer se vuelve su futuro, asique decida volverse financieramente libre y ayudar a otros a hacer lo mismo.

Si tiene hijos, enséñeles cómo volverse más inteligentes acerca del dinero a una edad temprana, en vez de verlos sufrir el ciclo de la deuda por el que muchas personas pasan. Tienen que empezar por algún lado, asique mejor empezarlos en el camino correcto al enseñarles la importancia de ahorrar y ser consciente de sus expensas. Seguirán su liderazgo y marque un buen ejemplo para ellos.

APRENDA – APLIQUE - COMPARTA

Vocabulario

Porcentaje de rendimiento anual: es comúnmente conocido como la tasa anual efectiva de retorno cuando toma el efecto del interés compuesto.

Tasa de porcentaje anual: es el costo del crédito expresado como una tasa de interés, que incluye todo el interés e impuestos.

Anualidad: es un producto financiero que es diseñado para incrementar fondos recibidos de un individuo y eventualmente pagar un flujo de pagos al individuo en un punto posterior en el tiempo.

Activos: cualquier cosa de la que es dueño, que incrementa su valor neto. Los activos pueden ser tangibles o intangibles. Los activos pueden ser líquidos (disponibles inmediatamente como el dinero) o no líquidos (no disponibles inmediatamente, como su casa).

Ciclo de la Deuda: la progresión de tomar prestado continuamente que eventualmente lleva a la inhabilidad de hacer pagos.

Expensas de negocios: son los costos necesarios para llevar adelante un negocio, y pueden incluir: utilitarios, renta, hipoteca, agua, suplementos de oficina, seguro, etc.

Ganancia de negocio: es la cantidad de ingresos o beneficio financiero que queda luego de pagar las expensas, costos e impuestos en un negocio.

Interés Compuesto: es el interés calculado en el dinero principal original, y en el interés acumulado de los períodos pasados. También conocido como "interés sobre interés".

Calculadora del Interés Compuesto: una calculadora que le muestra cómo el interés compuesto puede incrementar sus ahorros a lo largo del tiempo.

Certificado de depósito: es un certificado de ahorros con un plazo fijo, que paga un interés fijo en el dinero principal depositado. El interés se paga al vencimiento del mismo.

Cuenta corriente: es una cuenta que ofrece acceso simple a su dinero. Las cuentas corrientes le permiten realizar cheques, retirar fondos, depositar fondos, hacer compras, pagar facturas, y son consideradas un activo líquido.

Deuda: dinero que se debe y que debe ser pagado en un momento futuro.

Depreciación: la pérdida de valor de un activo durante su vida útil.

Empleado: alguien que es contratado por un salario por un empleador, para hacer un trabajo específico.

Equidad del Hogar: el valor del que uno es dueño en una casa, que está representado por el valor de mercado actual menos los valores de los préstamos. Es el interés del dueño en una casa.

Expensas del hogar: un análisis de expensas personales para vivir, como: renta, hipoteca, utilitarios, comida, cuidado del jardín, reparaciones, etc.

Ingreso por interés: es el ingreso que deriva en la forma de interés ganado en un depósito bancario a lo largo del tiempo.

Cuenta de dinero de mercado: es un tipo de cuenta de ahorro bancaria que gana un interés más alto a lo largo del tiempo. Usualmente tiene un depósito mínimo y otras restricciones para los retiros y depósitos.

Valor neto: es el valor de todo lo que tiene menos todas sus deudas. Los activos menos las responsabilidades equivale al valor neto.

Ingreso pasivo: es el ingreso que es recibido en la forma de dinero, que requiere poco o nada de esfuerzo para mantenerlo.

Ingreso por renta de bienes raíces: es el ingreso que se deriva de rentar una unidad, menos las expensas para mantenerla.

Ingreso por renta: es cualquier ingreso que usted recibe por el uso de propiedad.

Ahorros: el dinero que ha sido acumulado y dejado a un lado.

Cuenta de ahorro: es una cuenta bancaria que le permite ahorrar dinero seguramente, y ganar interés sobre ese dinero.

Dividendos de acciones: es una forma de pago que se hace en la forma de dinero pagado por una compañía para los inversores, por ser dueños de acciones.

Made in the USA
Monee, IL
19 March 2024

55387337R00066